N° d'éditeur : 10093389 - (III) - 19,5 - CSBS - 170°
Dépôt légal : février 2002
Impression et reliure : Pollina s.a., 85400 Luçon - n° 85792
Conforme à la loi n° 49-956 du 16 juillet 1949
sur les publications destinées à la jeunesse.
ISBN : 2-09-202109-5

BLANCHE-NEIGE

Conte de Grimm
Illustré par Myriam Deru

NATHAN

Il était une fois une reine qui mit au monde une petite fille à la peau aussi blanche que la neige, aux lèvres aussi rouges que le sang et aux cheveux aussi noirs que l'ébène. On l'appela Blanche-Neige. Hélas ! la reine mourut en lui donnant le jour. Un an plus tard, le roi se remaria.

Sa nouvelle femme était très belle, mais aussi
très fière et orgueilleuse : elle ne pouvait supporter
qu'on soit plus belle qu'elle, et sans cesse,
elle demandait à son miroir magique :

Beau miroir, miroir joli,
Quelle est la plus belle de tout le pays ?

Et le miroir lui répondait :

Reine, vous êtes la plus belle de tout le pays.

Alors elle était tranquille, car elle savait que le miroir
disait la vérité.

Mais Blanche-Neige grandissait et devenait de plus
en plus belle, et un jour où la reine interrogeait
son miroir, il répondit :

Reine, vous êtes très belle,
Mais Blanche-Neige
Est mille fois plus belle que vous.

À ces mots, la reine devint jaune et verte de jalousie.
Sur-le-champ, elle demanda à un chasseur
d'emmener Blanche-Neige dans la forêt, de la tuer
et de lui rapporter son foie et ses poumons.
Le chasseur obéit, mais au moment de tuer la jeune
fille, il fut pris de pitié, et lui dit de se sauver.
Il rapporta à la reine les poumons et le foie
d'un marcassin.

Toute seule au milieu de la grande forêt,
Blanche-Neige se mit à courir sur les cailloux pointus
et à travers les ronces. Elle courut ainsi, jusqu'à
la tombée du jour. Et c'est alors, qu'elle vit
une petite maison, où elle entra pour se reposer.

Il y avait là une petite table, avec sept petites
assiettes, sept petites cuillères, sept petits couteaux
et fourchettes, et sept petits gobelets. Le long du mur
étaient alignés sept petits lits.

Blanche-Neige, qui avait très faim et très soif,
mangea un peu de légumes et de pain dans chaque
petite assiette et but une goutte de vin dans
chaque petit gobelet, car elle ne voulait pas tout
prendre à la même personne !
Puis elle se coucha sur le dernier des sept petits lits
et s'endormit.
À la nuit tombée, les maîtres du logis rentrèrent :
c'étaient les sept nains qui piochaient tous les jours
le minerai dans la montagne. Ils s'aperçurent
tout de suite que quelqu'un était venu dans
leur maison.

Le premier dit :

– Qui s'est assis sur ma petite chaise ?

Le deuxième :

– Qui a mangé dans ma petite assiette ?

Le troisième :

– Qui a pris de mon petit pain ?

Le quatrième :

– Qui a goûté à mes petits légumes ?

Le cinquième :

– Qui a piqué avec ma petite fourchette ?

Le sixième :

– Qui a coupé avec mon petit couteau ?

Puis comme il regardait dans son lit, le septième nain y découvrit Blanche-Neige endormie.

– Venez voir ! appela-t-il.

– Oh ! comme elle est belle ! s'écrièrent ses
compagnons, et ils la laissèrent dormir.

Le matin venu, quand Blanche-Neige s'éveilla,
elle vit les sept nains et prit peur. Mais ils se
montrèrent si gentils qu'elle leur raconta toute
son histoire, et comment sa belle-mère avait voulu
la faire mourir.

– Si tu veux bien t'occuper de notre ménage,
lui dirent les nains, si tu tiens tout bien propre
et bien rangé, tu peux rester chez nous ; tu ne
manqueras de rien.

Blanche-Neige accepta et resta chez les sept nains.

– Prends garde à ta belle-mère ! lui dirent-ils
le lendemain. Elle saura bientôt que tu es ici ;
ne laisse entrer personne !

Mais la reine, qui s'imaginait être redevenue la plus
belle de toutes, interrogea son miroir. Il lui répondit :

Reine, vous êtes la plus belle ici,

Mais Blanche-Neige, par-delà les monts,

Chez les sept nains,

Est encore mille fois plus belle que vous.

À ces mots, la reine frémit de colère : Blanche-Neige
était toujours en vie !

Alors, elle fabriqua une pomme empoisonnée.

Puis, déguisée en paysanne, elle alla chez les sept nains, et frappa à la porte de la petite maison.

– Je ne peux laisser entrer personne, répondit Blanche-Neige, en passant la tête par la fenêtre.

– Tant pis, répondit la paysanne. Mais tiens, prends au moins cette pomme.

– Non, dit Blanche-Neige, je ne dois rien accepter.

– As-tu peur du poison ? demanda la vieille. Regarde, je coupe cette pomme en deux ; tu mangeras la joue rouge, et, moi, je mangerai la blanche.

En effet, la pomme avait été préparée avec tant de ruse que seule la partie rouge était empoisonnée. Quand elle vit la paysanne croquer dans la pomme, Blanche-Neige ne put résister. Mais à peine eut-elle avalé une bouchée qu'elle tomba morte.

En rentrant chez eux ce soir-là, les nains trouvèrent
Blanche-Neige étendue sur le sol. Ils essayèrent
de la ranimer, mais rien n'y fit. Alors trois jours
durant, ils pleurèrent leur amie, puis ils la mirent
dans un cercueil en verre transparent, et la portèrent
sur la montagne. Blanche-Neige semblait dormir...

Un jour, un fils de roi aperçut le cercueil de Blanche-
Neige et il demanda aux nains de le lui céder.
Les nains refusèrent. Mais quand le fils de roi leur dit
qu'il ne pouvait plus vivre sans voir Blanche-Neige,
ils finirent par accepter.

En déplaçant le cercueil, les serviteurs du prince
trébuchèrent, et la secousse fit sortir de la gorge de
Blanche-Neige le morceau de pomme empoisonnée.
– Mon Dieu, où suis-je ? s'écria la jeune fille.
– Tu es auprès de moi, répondit le fils de roi. Je
t'aime plus que tout au monde ; viens avec moi au
château de mon père, tu deviendras ma femme.
Blanche-Neige l'aima aussi, et elle accepta de
le suivre. Leur mariage fut célébré le jour même.
Quant à la méchante reine, en apprenant que
Blanche-Neige était en vie et plus belle que jamais,
elle mourut de dépit.

Regarde bien ces objets et ces animaux.

Ils apparaissent tous quelque part dans le livre.

Amuse-toi à les retrouver !